BEI GRIN MACHT SICH IHR WISSEN BEZAHLT

- Wir veröffentlichen Ihre Hausarbeit,
  Bachelor- und Masterarbeit

- Ihr eigenes eBook und Buch -
  weltweit in allen wichtigen Shops

- Verdienen Sie an jedem Verkauf

Jetzt bei www.GRIN.com hochladen
und kostenlos publizieren

Bibliografische Information der Deutschen Nationalbibliothek:

Die Deutsche Bibliothek verzeichnet diese Publikation in der Deutschen National-
bibliografie; detaillierte bibliografische Daten sind im Internet über http://dnb.d-
nb.de/ abrufbar.

Impressum:

Copyright © 2016 GRIN Verlag
Druck und Bindung: Books on Demand GmbH, Norderstedt Germany
ISBN: 9783668976573

Dieses Buch bei GRIN:

https://www.grin.com/document/490207

Christian Lehnert

Angewandte Trainingslehre. Erstellung eines Trainings-plans zur Gewichtsreduktion und zum Stressabbau

GRIN Verlag

Deutsche Hochschule für

Prävention und Gesundheitsmanagement

Einsendeaufgabe

Fachmodul:	Trainingslehre 2
Studiengang:	Fitnessökonomie
Datum Präsenzphase:	
Matrikelnummer:	
Name, Vorname:	Lehnert, Christian
Studienort:	
Semester:	**WS15**

Inhaltsverzeichnis

1 Diagnose

1.1 Allgemeine und biometrische Daten

Tab.1: Allgemeine und biometrische Daten zur Person X

	Daten zur Person X	Bewertung
Alter	20 Jahre	-
Geschlecht	männlich	-
Körpergröße	190 cm	BMI = 22,2
Körpergewicht	80 kg	= Normalgewicht (18,5 bis < 25)
Trainingsmotive	- Fettreduzierung - allgemeine Ausdauer verbessern - Stressabbau	-
Berufliche Tätigkeit	Student	-
Aktuelle sportliche Aktivitäten		
	Fußball seit 14 Jahren	1x pro Woche / je 90 min
- Leistungsstufe	>	Fortgeschritten
	Fitnesstraining seit 1 Jahr	1-2 pro Woche / je 90 min
- Leistungsstufe	>	Geübter
Frühere sportliche Aktivitäten	Hockey	1-2 pro Woche
- Leistungsstufe	>	Geübter
Zeitlicher Verfügungsrahmen	3x pro Woche / je 45 min - 120 min	-

Blutdruck	124/82 mmHg	Der Blutdruck befindet sich systolisch und diastolisch im Normalbereich. optimal: systolisch <120 mmHg diastolisch <80 mmHg normal: systolisch 120-129 mmHg diastolisch 80-84 mmHg hoch-normal: systolisch 130-139 mmHg diastolisch 85-89 mmHg
Ruhepuls	65 Schläge pro Minute (S/min)	Der Ruhepuls liegt im durchschnittlichen Bereich eines Normalbürgers. Durchschnitt: 60-80 S/min Gut Trainierte: 50-60 S/min Leistungssportler: < 50 S/min
Orthopädische Probleme	keine	voll belastbar
Internistische Probleme	keine	voll belastbar
Ärztliche Behandlungen	keine	voll belastbar
Einnahme von Medikamenten	keine	voll belastbar
Gesundheitliche Einschränkungen	keine	voll belastbar

1.2 Leistungsdiagnostik / Ausdauertestung

Aufgrund dessen, dass die Person X durchschnittlich bis gut trainiert ist, eignet sich ein Fahrradergometertest nach Hollmann-Venrath. Es handelt sich hierbei um einen Stufentest, der bei submaximaler Belastung durchgeführt wird. Da die Belastung stets pro Stufe um 40 Watt steigt und unsere Person X keine auffälligen Beschwerden aufweist, empfiehlt sich der Hollmann-Venrath-Test im Gegensatz zu einem WHO-Test, bei dem die Stufendauer und die Belastungssteigerung geringer sind. Durch eine höhere, kontinuierliche Steigerung der Belastung erreichen wir zeitnah ein geeignetes Ergebnis für Person X.

Person X ist 20 Jahre alt, hat eine Ruheherzfrequenz von 65 S/min und betreibt moderates Ausdauertraining. Aus diesen drei Faktoren erschließt sich nun die individuelle Zielherzfrequenz von 150 S/min (modifiziert nach Trunz, 2001; IPN, 2004, S. 4; zitiert nach Kettenis & Eifler, 2016, S. 69).

Bevor mit dem Test begonnen werden kann, ist darauf zu achten, dass die Person X eine geeignete Sitzposition einnimmt, um den Test mit bestmöglichen Ergebnissen absolvieren zu können. Das Bein sollte beim Treten nicht ganz durchgestreckt und der Rücken leicht nach vorn geneigt werden, damit der Lenker locker gegriffen werden kann.

Der Test beginnt mit einer Belastung von 30 Watt. Aller drei Minuten steigt die Belastung um 40 Watt. Zusätzlich wird nach jeder Minute die Herzfrequenz (Hf) gemessen und notiert. Nach Erreichen der Zielherzfrequenz wird die Wattzahl nicht mehr gesteigert und die komplette Stufe mit der gleichen Wattzahl noch zu Ende gefahren.

Tab.2: Testprofil Hollmann-Venrath-Test

Hollmann-Venrath-Test	
Eingangsstufe	30 Watt
Stufendauer	3 min
Belastungssteigerung	40 Watt
Umdrehungszahl/min	60 - 80 U/min
Pulsobergrenze	150 S/min

Tab.3: Testprotokoll Hollmann-Venrath-Test

30 Watt	70 Watt	110 Watt	150 Watt	190 Watt
1. min - 110 Hf	4. min - 116 Hf	7. min - 126 Hf	10.min - 138 Hf	**13.min - 150 Hf**
2. min - 108 Hf	5. min - 117 Hf	8. min - 131 Hf	11.min - 144 Hf	14.min - 154 Hf
3. min - 113 Hf	6. min - 120 Hf	9. min - 136 Hf	12.min - 145 Hf	15.min - 159 Hf

Die Person X hat ihre Zielherzfrequenz in Stufe 5 nach einer Minute (nach insgesamt 13 Minuten) erreicht. Die letzte Stufe wurde noch bis zum Ende durchgefahren, bis der Test dann beendet wurde. Aus diesen Werten des Testes ergibt sich folgende Berechnung, die zur besseren Auswertung des Testes dient:

<u>Berechnung zur relativen Watt-Soll-Leistung</u>

$$w1 + \left((w2\text{-}w1) \cdot \left(\tfrac{Hf \text{ - } Hf\,1}{Hf\,2 \text{ - } Hf\,1} \right) \right) \qquad \frac{164{,}29\ W}{80\ kg}$$

$$150\ W + \left((190\ W\text{-}150\ W) \cdot \left(\tfrac{150\ Hf \text{ - } 145\ Hf}{159\ Hf \text{ - } 145\ Hf} \right) \right) \qquad = 2{,}05\ \text{W/kg}$$

$$150\ W + \left(40\ W \cdot \tfrac{5}{14} \right)$$

$$= 164{,}29\ W$$

w1   = vorletzte Belastungsstufe

w2   = letzte Belastungsstufe

Hf   = Hf der individuellen Voreinstellung

Hf 1 = Hf der am Ende der vorletzten Wattstufe (w1) ermittelt wurde

Hf 2 = Hf der am Ende der letzten Wattstufe (w2) ermittelt wurde

Anhand des ermittelten Wertes von 2,05 W/kg, lässt sich dieser mit den der Normwerttabelle (modifiziert nach IPN, 2004, S. 8; zitiert nach Kettenis & Eifler, 2016, S. 76) vergleichen. Aus dieser Tabelle kann man entnehmen, dass die Person X für ihr Alter entsprechend eine durchschnittliche Ausdauerleistung (2,0 - 2,59) aufweist.

1.3 Gesundheits- und Leistungsstatus der Person

Der Fahrradergometertest und die Anamnese vor dem Test haben gezeigt, dass die Person X einen guten Gesundheits- und Leistungsstatus aufweist.

Unter Betrachtung der Herzfrequenzwerte zwischen den Stufen, lässt sich zeigen, dass die Herzfrequenz ab Minute sechs bis Minute neun schneller ansteigt, als in den Minuten zuvor oder nach Minute neun. Dieser Bereich weist darauf hin, dass die Leistung der Person X im Grundlagenausdauerbereich 1 (GA1) noch gesteigert werden kann. Die Trainingsintensität von 60-75% der maximalen Herzfrequenz (Hf max) stimmt genau mit dem Bereich überein, in dem die Herzfrequenz der Person X schneller angestiegen ist.

2 Zielsetzung / Prognose

Gewichtsreduktion

In sechs Monaten möchte die Person X ihr Gewicht um fünf Kilogramm senken, damit sie eine wohlfühlende Sommerfigur aufweisen kann. Durch gezieltes Training im Bereich GA1 wird der Fettstoffwechsel angeregt und verbessert.

Ruhepuls

Der Ruhepuls (65 S/min) befindet sich derzeit im durchschnittlichen Bereich eines Normalbürgers. Dies will die Person innerhalb von sechs Monaten in den Bereich von gut trainierten Personen (50-60 S/min) verbessern. Ein gezieltes Training im Grundlagenausdauerbereich 2 (GA2) kann dazu beitragen.

Stressabbau

Da im Mai eine große Abschlussprüfung bevorsteht, möchte die Person X ihr Herz-Kreislauf-System stärken, um unaufgeregt die Prüfungen mit bestmöglichen Ergebnissen zu absolvieren. Die Funktionen des Herz-Kreislauf-Systems werden durch ein Training im GA1 stabilisiert und ökonomisiert.

3 Trainingsplanung Mesozyklus

3.1 Grobplanung Mesozyklus

Tab.4: Grobplanung Mesozyklus

Mesozyklus	
Dauer	6 Wochen
Trainingsziel	Entwicklung der Grundlagenausdauer
Belastungsumfang / Woche	bis 5 Stunden
Trainingsmethoden	extensive Dauermethode
	intensive Dauermethode
Trainingsintensität	60 - 75 % Hf max
	75 - 90 % Hf max
Trainingshäufigkeit / Woche	3 mal
Dauer pro Trainingseinheit	bis 90 min
Trainingsgeräte	Fahrrad, Laufband, Crosstrainer

3.2 Detailplanung Mesozyklus

Tab.5: Mesozyklus Woche 1

Woche 1	Montag	Mittwoch	Freitag
Trainingsziel	GA 1	GA 1	GA 1
Trainingsmethode	extensive Dauermethode	extensive Dauermethode	extensive Dauermethode
Trainingsintensität	60 - 65 %	60 - 65 %	60 - 65 %
Trainings-herzfrequenz	120 - 130 S/min	120 - 130 S/min	108 - 117 S/min
Trainingsdauer	40 min	40 min	40 min
Trainingsgerät	Crosstrainer	Laufband	Fahrrad

Tab.6: Mesozyklus Woche 2

Woche 2	Montag	Mittwoch	Freitag
Trainingsziel	GA 1	GA 1	GA 1
Trainingsmethode	extensive Dauermethode	extensive Dauermethode	extensive Dauermethode
Trainingsintensität	65 - 70 %	60 - 65 %	65 - 70 %
Trainings- herzfrequenz	130 - 140 S/min	120 - 130 S/min	130 - 140 S/min
Trainingsdauer	45 min	45 min	45 min
Trainingsgerät	Laufband	Crosstrainer	Laufband

Tab.7: Mesozyklus Woche 3

Woche 3	Montag	Mittwoch	Freitag
Trainingsziel	GA 1	GA2	GA 1
Trainingsmethode	extensive Dauermethode	intensive Dauermethode	extensive Dauermethode
Trainingsintensität	70 - 75 %	75 - 80 %	70 - 75 %
Trainings- herzfrequenz	126 - 135 S/min	150 - 160 S/min	126 - 135 S/min
Trainingsdauer	45 min	40 min	45 min
Trainingsgerät	Fahrrad	Laufband	Fahrrad

Tab.8: Mesozyklus Woche 4

Woche 4	Montag	Mittwoch	Freitag
Trainingsziel	GA 1	GA 2	REKOMM
Trainingsmethode	extensive Dauermethode	intensive Dauermethode	extensive Dauermethode
Trainingsintensität	70 - 75 %	80 - 90 %	60 - 65 %
Trainings- herzfrequenz	140 - 150 S/min	160 - 180 S/min	108 - 117 S/min
Trainingsdauer	60 min	30 min	45 min
Trainingsgerät	Crosstrainer	Laufband	Fahrrad

Tab.9: Mesozyklus Woche 5

Woche 5	Montag	Mittwoch	Freitag
Trainingsziel	GA 1	GA 2	GA 1
Trainingsmethode	extensive Dauermethode	intensive Dauermethode	extensive Dauermethode
Trainingsintensität	65 - 70 %	75 - 80 %	65 - 70 %
Trainings-herzfrequenz	130 - 140 S/min	150 - 160 S/min	117 - 126 S/min
Trainingsdauer	60 min	30 min	60 min
Trainingsgerät	Crosstrainer	Laufband	Fahrrad

Tab.10: Mesozyklus Woche 6

Woche 6	Montag	Mittwoch	Freitag
Trainingsziel	GA 2	GA 1	GA 2
Trainingsmethode	intensive Dauermethode	extensive Dauermethode	intensive Dauermethode
Trainingsintensität	80 - 85 %	75 - 80 %	80 - 85 %
Trainings-herzfrequenz	160 - 170 S/min	150 - 160 S/min	144 - 153 S/min
Trainingsdauer	60 min	90 min	60 min
Trainingsgerät	Crosstrainer	Laufband	Fahrrad

3.3 Begründung zum Mesozyklus

„Da ein enger Zusammenhang zwischen dem Belastungsumfang und den Auswirkungen auf die Lipidwerte im Blut besteht, steht die Dauer im Vordergrund des Trainings" (Muster & Zielinski, 2006; zitiert nach Kettenis & Eifler, 2016, S. 237). Somit kann die Person X ihren Fettstoffwechsel verbessern und ihrem Ziel der Gewichtsreduktion nachkommen.

Im Hinblick auf die Zielvorstellungen der Person X, wurden danach die Trainingsmethoden festgelegt. Im ersten Mesozyklus trainiert die Person X nach der Dauermethode (intensiv und extensiv), da die Ökonomisierung der Herz-Kreislauf-Arbeit und die optimale Fettverbrennung mit dieser Methode am besten gewährleistet werden kann.

Die Person X beginnt in Woche eins und zwei noch mit einer geringen Belastung, damit die GA 1 aufgebaut werden kann, gelangt aber nicht über 90% Hf max, da die Fettverbrennung nicht mehr so hoch ist. „Mit zunehmender Belastungsintensität (60-65 % der VO_{2max}) gewinnen die intramuskulären Triglyzeridspeicher zunehmend an Bedeutung für die Energiebereitstellung aus Fett" (Holloszy, Kohrt & Hansen, 1998, S. 1011; zitiert nach Kettenis & Eifler, 2016, S. 217). „Oberhalb von 90-95 % Hf max spielen Fette bei der Energiebereitstellung praktisch keine Rolle mehr" (Achten, Gleeson & Jeukendrup, 2002, S. 94; zitiert nach Kettenis & Eifler, 2016, S. 217).

Da die Fettverbrennung und die Ökonomisierung des Herz-Kreislauf-Systems im Vordergrund stehen, wurde für den ersten Mesozyklus ein Training im GA 1- und GA 2-Bereich festgelegt. Der individuelle Trainingsbereich wurde mit Hilfe der ACSM-Formel berechnet (ACSM, 2006, S. 341; zitiert nach Kettenis & Eifler, 2016, S. 134).

Die Ausdauergeräte wurden daraufhin ausgewählt, da die Person X im Infogespräch angab, dass sie eine sehr offene Person ist, die ihren Plan gern abwechslungsreich gestaltet haben möchte. In Anbetracht dessen, dass Person X noch Fußball spielt, wird ein größerer Teil auf dem Laufband stattfinden, um die Laufleistung zu verbessern.

4 Literaturrecherche

Tab.11: Studien zum Thema „Effekte des Ausdauertrainings bei koronarer Herzkrankheit"

Wer hat die Studie durchgeführt ?	
Tschentscher, M. / Eichinger, J. / Egger, A. / Tegtbur, U. / Busse, M. / Machold, H. / Droese, S. / Schönfelder, M. / Niebauer, J.	Brinkmeier, U.
In welchem Jahr wurden die Studien publiziert ?	
2014	2001
Mit welchen Versuchspersonen wurden die Studien durchgeführt ?	
60 Patienten mit koronarer Herzkrankheit	14 Patienten mit koronarer Herzkrankheit
Wie sah der Versuchsaufbau der Studien aus ?	
- über einen Zeitraum von sechs Wochen absolvierten die Patienten 18 überwachte Trainingseinheiten auf dem Radergometer - die Patienten wurden in 3 Gruppen (je 20 Patienten) eingeteilt - erstere trainierten 33 min normales Ausdauertraining, bei einer Intensität von 65 - 85% der Hf max - ein hohes Intensitäts-Intervalltraining von 4x4 min Intervallen, bei 85 - 95% der Hf max, übte die Gruppe zwei aus - zwischen den Intervallen hatte die Gruppe 2 eine dreiminütige aktive Erholung bei 60 - 70% der Hf max - die Gruppe drei absolvierte ein 3x 8-minütiges Pyramidentraining, welches durch eine Lasterhöhung-/abnahme gekennzeichnet ist - die Intensitäten lagen bei 65 - 95 - 65% der Hf max und zwischen den Pyramiden wurde eine 2-minütige, aktive Erholung bei 60 - 70 der Hf max durchgeführt - vor jeder Trainingseinheit wärmten sich alle drei Gruppen bei einer Intensität von 60 - 70% der Hf max fünf Minuten auf dem Radergometer auf - nach der geschafften Trainingseinheit wurde noch ein Cool-Down durchgeführt (5 min, bei 60 - 70% der Hf max)	- es wurden über einen Zeitraum von sechs Monaten 4,2 +/- 0,4 Trainingseinheiten pro Woche durchgeführt - jede Einheit ging 30 Minuten und erfolgte auf dem Ergometer - vor der ersten Trainingseinheit und nach den sechs Monaten wurden jeweils zwei doppelte Stufentests auf dem Fahrradergometer durchgeführt - zwischen den Stufentests gab es eine 5-minütige, aktive Pause - während der beiden Stufentests und der Erholungsphase wurden Adrenalin, Noradrenalin, Blutlaktat, Blutdruck und Herzfrequenz gemessen

Welche relevanten Ergebnisse und Schlussfolgerungen lieferten die Studien ?

- die Anwesenheit der Trainingsteilnehmern zu den Einheiten betrug 99,2%
- in allen drei Gruppen gab es eine erhebliche Steigerung der maximalen Wattleistungen (W)
- 1. Gruppe: vorher 136,0 +/- 49,6 W   nachher 163,4 +/- 60,8 W (21,1+/- 8,5%)
- 2. Gruppe: vorher 141,0 +/- 60,4 W nachher 171,1 +/- 69,8 W (22,8+/- 6,6%)
- 3. Gruppe: vorher 128,7 +/- 50,6 W nachher 158,5 +/- 57,9 W (24,8+/- 10,8%)

- die Ausdauerleistungsfähigkeit steigerte sich in Betracht auf das Herzfrequenz-Blutdruck-Produkt um 23 +/- 7% und die maximale Leistungsfähigkeit steigerte sich von 1,89 +/- 0,2 auf 2,32 +/- 0,3 W pro kg Körpergewicht
- die Laktatwerte und die Hf konnten gesenkt werden
- intensives Training über mehrere Monate senkt die Plasma-Halbwertzeit von Laktat und Noradrenalin während belastungsinduzierter Azidose

Tschentscher, M. & Eichinger, J. & Egger, A. & Droese, S. & Schönfelder, M. & Niebauer, J. (2014)

Tegtbur, U. & Busse, M. & Machold, H. & Brinkmeier, U. (2001)

5 Tabellenverzeichnis

6 Literaturverzeichnis

Kettenis, Prof. Dr. phil Larissa & Eifler, Prof. Dr. phil. Christoph (2016). *Trainingslehre II* Saarbrücken: Deutsche Hochschule für Prävention und Gesundheitsmanagement

Tegtbur, U. & Busse, M. & Machold, H. & Brinkmeier, U. (2001). *Noradrenalin- und Laktatkatabolismus im doppelten Stufentest vor und nach 6-monatiger ambulanter kardinaler Rehabilitation*, 2 (6), 106-113. Zugriff am 02.01.17. Verfügbar unter http:// www.klinischesportmedizin.de/Auflage_2001_6/noradrenalin.pdf

Tschentscher, M. & Eichinger, J. & Egger, A. & Droese, S. & Schönfelder, M. & Niebauer, J. (2014). *High-intensity interval training is not superior to other forms of endurance training during cardiac rehabilitation.* Zugriff am 02.01.17. Verfügbar unter https://www.ncbi.nlm.nih.gov/pubmed/25404752